Gabriel Gonzaga Bina (org.)

Liturgia de Exéquias

Imprimatur

Este subsídio está de acordo com as orientações do Ritual de Exéquias.

Mogi das Cruzes, 24 de junho de 2008
Festa da Natividade de São João Batista

DOM AIRTON JOSÉ DOS SANTOS
Bispo Diocesano de Mogi das Cruzes

Capa:

O Mistério Pascal — Painel central do presbitério da Paróquia Nossa Senhora Aparecida, Santa Isabel – SP, Diocese de Mogi das Cruzes.

A morte e a ressurreição de Jesus. A vida não termina na cruz! Não termina na morte! O Cordeiro de Deus que tira o pecado do mundo nos espera de braços abertos.

1ª edição – 2008
7ª reimpressão – 2023

Paulinas
Rua Dona Inácia Uchoa, 62
04110-020 – São Paulo – SP (Brasil)
Tel.: (11) 2125-3500
http://www.paulinas.com.br –
editora@paulinas.com.br Telemarketing e SAC:
0800-7010081
© Pia Sociedade Filhas de São Paulo – São Paulo, 2008

Introdução

A Igreja celebra com profunda esperança o mistério pascal de Cristo nas exéquias de seus filhos, para que eles, incorporados pelo Batismo a Cristo morto e ressuscitado, passem com ele da morte à vida.[1]

As exéquias ou encomendação do corpo não são sacramentos e nem sacramentais, porém *exprimem o caráter pascal da morte cristã*.[2]

Este subsídio tem o objetivo de auxiliar padres, diáconos e ministros extraordinários nos velórios dos fiéis cristãos. A participação da comunidade nesse momento difícil serve de consolo e apoio à família enlutada. Ao mesmo tempo, nos faz professar a fé na ressurreição dos mortos, dando nosso adeus (a Deus) ao irmão que parte, na certeza de que nos veremos novamente na casa do Pai.[3]

---

[1] Sagrada Congregação para o Culto Divino. *Ritual de Exéquias*. São Paulo, Paulinas, 1971, n. 1.

[2] Cf. *Catecismo da Igreja Católica*, nn. 1684-1685.

[3] *Ritual de Exéquias*, n. 5.

O conteúdo está baseado na Palavra de Deus[4] e foi organizado a partir do ritual de exéquias. É prático e fácil de carregar e pode ser distribuído aos fiéis para que acompanhem a oração e os cantos, tornando a celebração mais orante e participativa. Esta celebração pode ser feita na casa, no velório, na igreja ou no cemitério. Na Liturgia da Palavra, foram colocadas duas leituras, um salmo e um Evangelho, que poderão ser proclamados no todo ou em parte, além da sugestão de mais dois Evangelhos.

Que essa celebração possa nos consolar uns aos outros com as palavras de fé e renovar a nossa esperança cristã, pois sabemos que Jesus Cristo é a ressurreição e a vida e aquele que nele crê, ainda que morra, viverá (cf. Jo 11,25).

---

[4] Id., n. 11.

Orientações pastorais

Atualmente, há uma grande necessidade de se preparar ministros e ministras extraordinários para as exéquias, a fim de que possam promover a pastoral da esperança, visitar os doentes, rezar nos velórios e visitar as famílias que perderam entes queridos.

Recomenda-se aos ministros que:

- "cabe-lhes, por obrigação, tanto o despertar a esperança dos participantes, quanto fortificar a fé no mistério pascal e na ressurreição dos mortos, de modo que, levando-lhes o carinho da Santa Igreja e a consolação da fé, levantem o ânimo dos fiéis sem, porém, ofender a tristeza dos que sofrem";[5]

- usem paramentos de cor roxa ou branca, considerando a esperança cristã iluminada pelo mistério pascal de Cristo;[6]

---

[5] Id., n. 17.
[6] Id., n. 22,6.

- preparem a Celebração da Palavra de Deus e Encomendação do Corpo envolvendo os membros da comunidade;
- façam duas leituras: um salmo e um Evangelho para a celebração. Se for necessário escolher entre os textos, dê-se preferência ao Evangelho;
- deve-se fazer a homilia enfatizando o texto proclamado, o mistério pascal e o sentido cristão da morte[7] ou ler o texto da p. 16 ou do Anexo 1, p. 25. Evite-se fazer elogios ao falecido.

---

[7] Id., n. 45.

Esquema da celebração

Ritos iniciais
   Comentário
   Canto
   Saudação
   Recordação da vida e oração

Liturgia da Palavra
   Primeira leitura
   Salmo responsorial
   Segunda leitura
   Aclamação ao Evangelho
   Evangelho
   Homilia ou partilha da Palavra
   Preces
   Oração
   Oração para exéquias de crianças

Encomendação do corpo e despedida
Oração

Bênção final
Canto final

Celebração das Exéquias

Ritos iniciais

Comentário

Conforme o costume cristão, estamos aqui reunidos para rezar por N., que hoje terminou sua passagem pela terra. Queremos agora professar nossa fé na ressurreição e elevar nossas preces ao Deus da vida para que nosso irmão (ou irmã) N. seja acolhido(a) pelos anjos e santos na eternidade.

Canto: O Bom Pastor – Sl 22(23)

Frei Fabreti (CD: *Sinfonia universal* – Paulinas-COMEP)

Pelos prados e campinas verdejantes eu vou,

é o Senhor que me leva a descansar.

Junto às fontes de águas puras repousantes eu vou,

minhas forças o Senhor vai animar.

Tu és, Senhor, o meu Pastor.

Por isso nada em minha vida faltará (bis).

Nos caminhos mais seguros, junto dele eu vou.
E pra sempre o seu nome eu honrarei.
Se eu encontro mil abismos nos caminhos eu vou,
segurança sempre tenho em suas mãos.

No banquete em sua casa muito alegre eu vou,
um lugar em sua mesa me preparou.
Ele unge minha fronte e me faz ser feliz,
e transborda a minha taça em seu amor!

Bem à frente do inimigo, confiante eu vou,
tenho sempre o Senhor junto de mim,
seu cajado me protege e eu jamais temerei,
sempre junto do Senhor eu estarei.

Com alegria e esperança, caminhando eu vou,
minha vida está sempre em suas mãos.
E na casa do Senhor eu irei habitar,
e este canto para sempre irei cantar.

Saudação

Dirigente: Em nome do Pai, e do Filho, e do Espírito Santo.

Todos: *Amém.*

Dirigente: A graça e a paz de Deus, nosso Pai, o amor de Jesus Cristo ressuscitado, o consolo e a comunhão do Espírito Santo estejam convosco.

Todos: *Bendito seja Deus que nos reuniu no amor de Cristo.*

Recordação da vida e oração

Se oportuno, recordar em silêncio ou em voz alta o nome do falecido, o que fez de bom, sua esperança em Cristo.

Dirigente: Oremos.

Pai de misericórdia e Deus de toda consolação, vós nos acompanhais com amor eterno, transformando as sombras da morte em aurora de vida. Olhai agora compassivo o sofrimento dos vossos filhos e filhas. Dai-nos, Senhor, vossa força e proteção para que a noite da nossa

tristeza se ilumine com a luz da vossa paz. O vosso Filho e Senhor nosso, morrendo, destruiu nossa morte, e, ressurgindo, deu-nos novamente a vida. Dai-nos a graça de ir ao seu encontro para que, após a caminhada desta vida, estejamos um dia reunidos com nossos irmãos e irmãs onde toda tristeza se transformará em alegria.
Por nosso Senhor Jesus Cristo, vosso Filho, na unidade do Espírito Santo.

Todos: *Amém.*

Liturgia da Palavra

Primeira leitura

Leitura do Livro da Sabedoria (Sb 3,1-9).

As almas dos justos, ao contrário, estão nas mãos de Deus, e nenhum tormento os atingirá. Aos olhos dos insensatos, aqueles pareciam ter morrido, e o seu fim foi considerado como desgraça. Os insensatos pensavam que a partida dos justos do nosso meio era um aniquilamento, mas agora estão na paz. As pessoas pensavam que os justos estavam cumprindo uma pena, mas esperavam a imortalidade. Por uma breve pena receberão grandes benefícios, porque Deus os provou e os encontrou dignos dele. Deus examinou-os como ouro no crisol, e os aceitou como holocausto perfeito. No dia do julgamento, eles resplandecerão, correndo como fagulhas no meio da palha. Eles governarão as nações, submeterão os povos, e o Senhor reinará para sempre sobre eles. Os que nele confiam compreenderão a verdade, e os que lhe são fiéis viverão junto dele no amor, pois a graça e a misericórdia estão reservadas para os seus escolhidos.

Palavra do Senhor.

Todos: *Graças a Deus.*

Salmo responsorial – Sl 129(130)

Salmista: Das profundezas eu clamo a vós, Senhor, escutai a minha voz! Vossos ouvidos estejam bem atentos ao clamor da minha prece!

R. *Das profundezas eu clamo a vós, Senhor.*

Salmista: Se levardes em conta nossas faltas, quem haverá de subsistir? Mas em vós se encontra o perdão, eu vos temo e em vós espero.

R. *Das profundezas eu clamo a vós, Senhor.*

Salmista: No Senhor ponho a minha esperança, espero em sua palavra. A minha alma espera no Senhor mais que o vigia pela aurora.

R. *Das profundezas eu clamo a vós, Senhor.*

Salmista: Espere Israel pelo Senhor mais que o vigia pela aurora! Pois no Senhor se encontra toda a graça e copiosa redenção. Ele vem libertar a Israel de toda a sua culpa.

R. *Das profundezas eu clamo a vós, Senhor.*

Segunda leitura

Leitura da Carta de São Paulo aos Romanos (Rm 6,3-9).

Vocês não sabem que todos nós, que fomos batizados em Jesus Cristo, fomos batizados na sua morte? Pelo batismo fomos sepultados com ele na morte, para que, assim como Cristo foi ressuscitado dos mortos por meio da glória do Pai, assim também nós possamos caminhar numa vida nova. Se permanecermos completamente unidos a Cristo com morte semelhante à dele, também permaneceremos com ressurreição semelhante à dele. Sabemos muito bem que o nosso homem velho foi crucificado com Cristo, para que o corpo de pecado fosse destruído e assim não fôssemos mais escravos do pecado. De fato, quem está morto está livre do pecado. Mas, se estamos mortos com Cristo, acreditamos que também viveremos com ele, pois sabemos que Cristo, ressuscitado dos mortos, não morre mais; a morte já não tem poder sobre ele.

Palavra do Senhor.

Todos: *Graças a Deus.*

Aclamação ao Evangelho

Aleluia, Aleluia, Aleluia!

Eu sou a ressurreição e a vida. Quem acredita em mim, mesmo que morra, viverá.

Dirigente: O Senhor esteja convosco!
Todos: *Ele está no meio de nós!*
Dirigente: Evangelho de Jesus Cristo segundo João (Jo 11,17-27).
Todos: *Glória a vós, Senhor.*

Quando Jesus chegou, já fazia quatro dias que Lázaro estava no túmulo. Betânia ficava perto de Jerusalém; uns três quilômetros apenas. Muitos judeus tinham ido à casa de Marta e Maria para as consolar por causa do irmão. Quando Marta ouviu que Jesus estava chegando, foi ao encontro dele. Maria, porém, ficou sentada em casa. Então Marta disse a Jesus: "Senhor, se estivesses aqui, meu irmão não teria morrido. Mas ainda agora eu sei: tudo o que pedires a Deus, ele te dará".

Jesus disse: "Seu irmão vai ressuscitar". Marta disse: "Eu sei que ele vai ressuscitar na ressurreição, no último dia". Jesus disse: "Eu sou a ressurreição e a vida. Quem acredita em mim, mesmo que morra, viverá. E todo aquele que vive e acredita em mim, não morrerá para sempre. Você acredita nisso?". Ela respondeu: "Sim, Senhor. Eu acredito que tu és o Messias, o Filho de Deus que devia vir a este mundo".

Palavra da Salvação.

Todos: *Glória a vós, Senhor.*

Outros textos à escolha: Jo 14,1-6; Mt 25,31-46, Anexos 2 e 3.

Homilia ou partilha da Palavra

A homilia deve se basear na Palavra de Deus proclamada. O dirigente também poderá usar o exemplo a seguir ou o do Anexo 1.

Jesus Cristo disse: "Eu sou a ressurreição e a vida. Quem acredita em mim, mesmo que morra, viverá" (Jo 11,25). Esta Palavra nos dá a certeza de que "para os que crêem", a vida não é tirada, mas transformada. E, desfeito o nosso corpo mortal, nos é dado nos céus um corpo imperecível. Sabemos que "se morremos com o Cristo, viveremos com ele" (cf. Rm 6,8). Esse é o motivo da nossa esperança! Cristo passou pela morte e ressuscitou! Nós também ressuscitaremos com ele!

Sem dúvida o discípulo de Jesus enfrenta cruzes, e a situação de morte é uma delas. Causa tristeza e dor, mas não seremos derrotados, porque Jesus é vitorioso e nele nós também seremos.

Através do Batismo, aceitamos Jesus como caminho, verdade e vida, e nos tornamos seus discípulos, procurando construir o Reino de Deus praticando o amor e a justiça. Esse é o caminho da salvação que já começa aqui na terra.

Nossa Senhora, que estava presente aos pés da cruz de Jesus, sem jamais perder a esperança, interceda por nós e nos conforte. Que um dia possamos estar com Maria e seu Filho na casa do Pai.

Preces

Dirigente: Ao Cristo Senhor, que nos deu
a esperança de ver nosso pobre corpo
transfigurado na glória do céu, rezemos:

R. *Senhor, sois nossa vida e ressurreição!*

Leitor: Cristo, Filho do Deus vivo, ressuscitastes
da morte o vosso amigo Lázaro; ressuscitai
também, para a vida gloriosa, os defuntos remidos
por vosso sangue, rezemos:

R. *Senhor, sois nossa vida e ressurreição!*

Leitor: Cristo Salvador, destruí em nosso
corpo mortal o domínio do pecado, pelo qual
merecemos a morte, para que em vós alcancemos
a vida eterna, rezemos:

R. *Senhor, sois nossa vida e ressurreição!*

Leitor: Cristo Redentor, olhai por nós aqui
reunidos e pelos familiares de N. e por todos os
que sofrem. Que possamos nos consolar uns aos
outros com as palavras da fé e jamais percamos a
esperança na vida eterna, por isso rezemos:

R. *Senhor, sois nossa vida e ressurreição!*

Vós, que outrora decretastes a dissolução de nossa morada terrestre, concedei-nos a eterna mansão que está nos céus, e que não é feita por mãos humanas, rezemos:

R. *Senhor, sois nossa vida e ressurreição!*

Outros pedidos. Concluir com a oração do Pai-nosso.

Oração

Dirigente: Ouvi, ó Pai, as nossas preces para que, ao afirmarmos nossa fé na ressurreição do vosso Filho, se confirme também nossa esperança na ressurreição de vosso servo **N**. Por nosso Senhor Jesus Cristo, vosso Filho, na unidade do Espírito Santo.

Todos: *Amém.*

Em caso de exéquias de criança, usar uma das orações seguintes:

Oração para exéquias de crianças batizadas

Ó Deus de bondade, nos desígnios de vossa sabedoria, chamastes, na aurora da vida, esta criança,

que no Batismo foi associada à morte e ressurrei-
ção de Cristo. Consolai-nos com a certeza de que
N. vive eternamente convosco no céu. Por Nosso
Senhor Jesus Cristo, vosso Filho, na unidade do
Espírito Santo.

Todos: *Amém.*

Oração para exéquias de crianças não-batizadas

Ó Deus, conheceis os nossos corações, e nos
consolais com o vosso amor. Reconfortai na fé os
pais e familiares desta criança, que a receberam de
vossa bondade, cuidaram dela com amor e carinho, e que hoje entregamos em vossas mãos. Por
Nosso Senhor Jesus Cristo, vosso Filho, na unidade do Espírito Santo.

Todos: *Amém.*

Encomendação do corpo e despedida

Oração

Dirigente: Confiantes na ressurreição, nos despedimos agora de nosso(a) irmão(ã) N. Que o nosso adeus, mesmo sem apagar a tristeza da separação, reacenda a nossa esperança de um dia nos encontrarmos na casa do Pai.

Se possível, aspergir com água benta e incensar.

Dirigente: Nas vossas mãos, Pai de misericórdia, entregamos o(a) nosso(a) irmão(ã) N., na firme esperança de que ressurgirá com Cristo no último dia, como todos os que no Cristo adormeceram. (Nós vos damos graças por todos os dons que lhe concedestes na sua vida mortal, para que fossem sinais da vossa bondade e da comunhão de todos em Cristo). Escutai na vossa misericórdia as nossas preces: abri para ele(a) as portas do paraíso e a nós que ficamos concedei que nos consolemos uns aos outros com as palavras da fé, até o dia em que nos encontraremos todos no

Cristo e assim estaremos sempre convosco e com este(a) nosso(a) irmão(ã). Por nosso Senhor Jesus Cristo, vosso Filho, na unidade do Espírito Santo.

Todos: *Amém.*

Dirigente: Dai-lhe, Senhor, o descanso eterno.

Todos: *E brilhe para ele(a) a vossa luz.*

Dirigente: Jesus disse: "Eu sou a ressurreição e a vida: quem crê em mim mesmo se estiver morto viverá".

Todos: *E quem vive e crê em mim, não morrerá para sempre.*

Bênção final

Dirigente: O Senhor esteja convosco.

Todos: *Ele está no meio de nós.*

Dirigente: Abençoe-vos o Deus todo-poderoso, Pai, e Filho, e Espírito Santo.

Todos: *Amém.*

Dirigente: Peçamos a Nossa Senhora, que acompanhou o sofrimento e a morte de seu Filho, que nos conforte e console com seu carinho de Mãe.

Todos: *Ave, Maria...*

Canto final

Com minha mãe estarei,
na santa glória um dia,
junto à Virgem Maria,
no céu triunfarei!

No céu, no céu, com minha mãe estarei!
No céu, no céu, com minha mãe estarei!

Com minha mãe estarei,
mas já que hei ofendido
a seu Jesus querido,
as culpas chorarei.

Com minha mãe estarei,
e que bela coroa,
de mãe tão terna e boa,
feliz receberei.

Com minha mãe estarei,
em seu coração terno,
em seu colo materno
sem fim descansarei!

Anexos

Anexo 1

Sugestão de homilia

Das Cartas de São Bráulio de Saragoça, bispo (séc. VII).[8]

Cristo, esperança de todos os que crêem, ao dizer: *O nosso amigo Lázaro dorme* (Jo 11,11), chama adormecidos e não mortos os que partem deste mundo.

Também o santo Apóstolo Paulo não quer que nos entristeçamos a respeito dos que já adormeceram, porque a fé nos assegura que todos os que crêem no Cristo, segundo a palavra do Evangelho, não morrerão para sempre. Sabemos, pela fé, que ele não está morto e nós também não morreremos. Com efeito, *o Senhor mesmo, quando for dada a ordem, à voz do arcanjo e ao som da trombeta*

---

[8] *Liturgia das Horas*, Ofício dos fiéis defuntos, vol. IV, pp. 1778-1779.

divina, descerá do céu e os que nele tiverem morrido ressuscitarão (cf. 1Ts 4,16).

Que a esperança da ressurreição nos anime, pois os que perdemos neste mundo tornaremos a vê-los no outro; basta para isso crermos no Senhor com verdadeira fé, obedecendo aos seus mandamentos. Para ele, Todo-poderoso, é mais fácil despertar os mortos que acordarmos nós os que dormem. Dizemos estas coisas e, no entanto, levados não sei por que sentimento, desfazemo-nos em lágrimas e a saudade nos perturba a fé. Como é miserável a condição humana e nossa vida sem Cristo torna-se sem sentido!

Ó morte, que separas os casados e, tão dura e cruelmente, separas também os amigos! Mas teu poder já está esmagado! Teu domínio impiedoso foi aniquilado por aquele que te ameaçou com o brado de Oséias: *Ó morte, eu serei a tua morte!* (Os 13,14). Nós também podemos desafiar-te com as palavras do Apóstolo: *Ó morte, onde está a tua vitória? Onde está o teu aguilhão?* (1Cor 15,55).

Quem te venceu nos resgatou, ele que entregou sua amada vida às mãos dos ímpios, para fazer dos ímpios seus amigos. São inúmeras e várias as expressões da Sagrada Escritura que nos podem consolar a todos. Basta-nos, porém, a esperança da ressurreição e termos os olhos fixos na glória de nosso Redentor. Pela fé já nos consideramos ressuscitados com ele, conforme diz o Apóstolo: *Se morremos com Cristo, cremos que também viveremos com ele* (Rm 6,8).

Já não nos pertencemos, mas somos daquele que nos redimiu. Nossa vontade deve sempre depender da sua. Por isso, dizemos ao rezar: *Seja feita a vossa vontade* (Mt 6,10). Pela mesma razão, devemos dizer como Jó, quando choramos por alguém que morreu: *O Senhor deu, o Senhor tirou; bendito seja o nome do Senhor* (Jó 1,21). Façamos nossas estas palavras dele, a fim de que, aceitando como ele a vontade do Senhor, alcancemos um dia semelhante recompensa.

Anexo 2

Evangelho de Jesus Cristo, segundo João (Jo 14,1-6)

"Não se perturbe o vosso coração! Credes em Deus, crede também em mim. Na casa de meu Pai há muitas moradas. Não fosse assim, eu vos teria dito. Vou preparar um lugar para vós. E depois que eu tiver ido e preparado um lugar para vós, voltarei e vos levarei comigo, a fim de que, onde eu estiver, estejais vós também. E para onde eu vou, conheceis o caminho".

Tomé disse: "Senhor, não sabemos para onde vais. Como podemos conhecer o caminho?". Jesus respondeu: "Eu sou o caminho, a verdade e a vida. Ninguém vai ao Pai senão por mim".

Palavra da Salvação.

Todos: *Glória a vós, Senhor.*

Anexo 3

Evangelho de Jesus Cristo, segundo Mateus (Mt 25,31-46)

Quando o Filho do Homem vier em sua glória, acompanhado de todos os anjos, ele se assentará em seu trono glorioso. Todas as nações da terra serão reunidas diante dele, e ele separará uns dos outros, assim como o pastor separa as ovelhas dos cabritos. E colocará as ovelhas à sua direita e os cabritos, à sua esquerda.

Então o Rei dirá aos que estiverem à sua direita: "Vinde, benditos de meu Pai! Recebei em herança o Reino que meu Pai vos preparou desde a criação do mundo! Pois eu estava com fome, e me destes de comer; estava com sede, e me destes de beber; eu era forasteiro, e me recebestes em casa; estava nu e me vestistes; doente, e cuidastes de mim; na prisão, e fostes visitar-me". Então os justos lhe perguntarão: "Senhor, quando foi que te vimos com fome e te demos de comer? Com sede, e te demos de beber? Quando foi que te vimos como forasteiro, e te recebemos em casa, sem roupa, e te vestimos? Quando foi que te vimos doente ou preso, e fomos te visitar?". Então o Rei lhes responderá: "Em verdade, vos digo: todas as vezes que fizestes isso a um destes mais pequenos, que são meus irmãos, foi a mim que o fizestes!".

Depois, o Rei dirá aos que estiverem à sua esquerda: "Afastai-vos de mim, malditos! Ide para o fogo eterno, preparado para o diabo e para os seus anjos. Pois eu estava com fome, e não me destes de comer; com sede, e não me destes de beber; eu era forasteiro, e não me recebestes em casa; nu, e não me vestistes; doente e na prisão, e não fostes visitar-me". E estes responderão: "Senhor, quando foi que te vimos com fome ou com sede, forasteiro ou nu, doente ou preso, e não te servimos?". Então, o Rei lhes responderá: "Em verdade, vos digo, todas as vezes que não fizestes isso a um desses mais pequenos, foi a mim que o deixastes de fazer!". E estes irão para o castigo eterno, enquanto os justos irão para a vida eterna.

Anexo 4

Hinos opcionais

1. Senhor, quem entrará

Pe. Jonas Abib (Cd: *Canções para orar* 1 – Paulinas-COMEP)

Senhor, quem entrará no santuário pra te louvar? (2x)
Quem tem as mãos limpas, e o coração puro,
quem não é vaidoso e sabe amar.(2x)

Senhor, eu quero entrar no santuário pra te louvar.(2x)
Ó dá-me mãos limpas, e um coração puro,
arranca a vaidade, ensina-me a amar. (2x)

Senhor, já posso entrar no santuário pra te louvar.(2x)
Teu sangue me lava, teu fogo me queima,
o Espírito Santo inunda meu ser. (2x)

2. Quem nos separará?

(D.R.)

Quem nos separará? Quem vai nos separar?
Do amor de Cristo, quem nos separará?
Se ele é por nós, quem será, quem será contra nós?
Quem vai nos separar do amor de Cristo, quem será?

Nem a espada, o perigo, nem os erros do meu irmão.
Nenhuma das criaturas, nem a condenação.

Nem a vida, nem a morte, nem os anjos ou os principados.
Nem o passado, nem o presente, ou o futuro
nem as potestades.
Nem alturas, os abismos, tão pouco a perseguição.
Nem a angústia, a dor, a fome, nem a tribulação.

3. A barca

Cesareo Gabarain (CD: *Canções para orar 3* – Paulinas-COMEP)

Tu te abeiraste da praia, não buscaste
nem sábios nem ricos;
somente queres que eu te siga.

Senhor, tu me olhaste nos olhos.
A sorrir, pronunciaste meu nome.
Lá na praia, eu larguei o meu barco.
Junto a ti, buscarei outro mar.

Tu, sabes bem que em meu barco eu não tenho
nem espadas, nem ouro;
somente redes e o meu trabalho.

Tu, minhas mãos solicitas.
Meu cansaço que a outros descanse;
amor que almeja, seguir amando.

Tu, pescador de outros lagos,
ânsia eterna de almas que esperam;
bondoso amigo, assim me chamas.

4. *Segura na mão de Deus*
(D.R.)

Se as águas do mar da vida
quiserem te afogar;
segura na mão de Deus e vai.
Se as tristezas desta vida
quiserem te sufocar;
segura na mão de Deus e vai.

Segura na mão de Deus, segura na mão de Deus;
pois ela, ela te sustentará.
Não temas, segue adiante
e não olhes para trás.
Segura na mão de Deus e vai.

Se a jornada é pesada e te cansas na caminhada;
segura na mão de Deus e vai.
Orando, jejuando, confiando e confessando;
segura na mão de Deus e vai.

O Espírito do Senhor sempre te revestirá;
segura na mão de Deus e vai.
Jesus Cristo prometeu que jamais te deixará;
segura na mão de Deus e vai.

5. *Te amarei, Senhor*

(D.R.)

Me chamaste para caminhar na vida contigo;
decidi para sempre seguir-te, não voltar atrás!
Me puseste uma brasa no peito e uma flecha na alma;
é difícil agora viver sem lembrar-me de ti!

Te amarei, Senhor! Te amarei, Senhor!
Eu só encontro a paz e a alegria bem perto de ti! (bis)

Eu pensei muitas vezes calar e não dar nem resposta;
eu pensei na fuga esconder-me, ir longe de ti.
Mas tua força venceu e ao final eu fiquei seduzido;
é difícil agora viver sem saudade de ti!

Ó Jesus não me deixes jamais caminhar solitário;
pois conheces a minha fraqueza e o meu coração.
Vem, ensina-me a viver a vida na tua presença;
no amor dos irmãos, na alegria, na paz, na união!

6. *Eu vim para que todos tenham vida*

Pe. José Weber (CF 1974-CNBB)

Eu vim para que todos tenham vida,
que todos tenham vida plenamente!

Reconstrói a tua vida em comunhão com teu Senhor;
Reconstrói a tua vida em comunhão com teu irmão:
Onde está o teu irmão, eu estou presente nele.

Quem comer o Pão da vida viverá eternamente;
Tenho pena deste povo que não tem o que comer:
Onde está um irmão com fome, eu estou com fome nele.

Eu passei fazendo o bem, eu curei todos os males;
Hoje és minha presença junto a todo sofredor:
Onde sofre o teu irmão, eu estou sofrendo nele.

Entreguei a minha vida pela salvação de todos;
Reconstrói, protege a vida de indefesos e inocentes:
Onde morre o teu irmão, eu estou morrendo nele.

Vim buscar e vim salvar o que estava já perdido;
Busca, salva e reconduze a quem perdeu toda esperança:
Onde salvas o teu irmão, tu me estás salvando nele.

Este pão, meu corpo é vida para a salvação do mundo;
É presença e alimento nesta santa comunhão:
Onde está o teu irmão, eu estou também com ele.

Salvará a sua vida quem a perde, quem a doa;
Eu não deixo perecer nenhum daqueles que são meus:
Onde salvas teu irmão, tu me estás salvando nele.

7. *Prova de amor maior não há*
(D.R.)

Prova de amor maior não há
que doar a vida pelo irmão

Eis que eu vos dou o meu novo mandamento:
Amai-vos uns aos outros como eu vos tenho amado.

Vós sereis os meus amigos se seguirdes meu preceito:
Amai-vos uns aos outros como eu vos tenho amado.

Permanecei em meu amor e segui meu mandamento:
Amai-vos uns aos outros como eu vos tenho amado.

E chegando a minha Páscoa, vos amei até o fim:
Amai-vos uns aos outros como eu vos tenho amado.

Nisto todos saberão que vós sois os meus discípulos:
Amai-vos uns aos outros como eu vos tenho amado.

8. Sonda-me

Alisson Ambrósio

Senhor, eu sei que tu me sondas;
Sei também que me conheces.
Se me assento ou me levanto,
Conheces meus pensamentos.
Quer deitado ou quer andando,
Sabes todos os meus passos;
E antes que haja em mim palavras,
Sei que tudo me conheces.

Senhor, eu sei que tu me sondas. (4x)

Deus, tu me cercaste em volta;
Tuas mãos em mim repousam.
Tal ciência é grandiosa,
Não a alcanço de tão alta.
Se eu subo até o céu,

Sei que ali também te encontro;
Se no abismo está minh'alma,
Sei que aí também me amas.

Senhor, eu sei que tu me sondas. (4x)
Senhor, eu sei que tu me amas. (4x)

9. Caminhando com Maria

José Acácio Santana (CD: *Tua Palavra permanece* – Paulinas-COMEP)

Santa Mãe, Maria, nessa travessia
cubra-nos teu manto cor de anil!
Guarda nossa vida, Mãe Aparecida,
Santa padroeira do Brasil.

Ave, Maria; Ave, Maria. (2x)

Mulher peregrina, força feminina,
a mais importante que existiu.
Com justiça queres que nossas mulheres
sejam construtoras do Brasil.

Com amor divino, guarda os peregrinos
nesta caminhada para o além!
Dá-lhes companhia, pois também um dia
foste peregrina de Belém.

Com seus passos lentos, enfrentando os ventos,
quando sopram noutra direção.
Toda a Mãe Igreja pede que tu sejas
companheira de libertação.

10. Vem, Maria, vem
(D.R.)

**Vem, Maria, vem, vem nos ajudar
neste caminhar tão difícil rumo ao Pai.**

Vem, querida mãe, nos ensinar a ser testemunhas do amor.
Que fez do teu corpo sua morada,
que se abriu pra receber o Salvador.

Nós queremos, ó mãe, responder ao amor
do Cristo salvador.
Cheios de ternura colocamos, confiantes
em tuas mãos esta oração.

Bibliografia

LITURGIA DAS HORAS. *Ofício dos defuntos*. Petrópolis: Vozes/Paulinas/Salesiana Dom Bosco, 1985.

NOSSA PÁSCOA: *subsídios para as celebrações da esperança*. São Paulo: Paulus, 2004.

RITUAL DE EXÉQUIAS. São Paulo: Paulinas, 1971.

Eu sou a ressurreição e a vida!

Rua Dona Inácia Uchoa, 62
04110-020 – São Paulo – SP (Brasil)
Tel.: (11) 2125-3500
http://www.paulinas.com.br – editora@paulinas.com.br
Telemarketing e SAC: 0800-7010081